a beleza de
Deus
está em
toda parte

A nossa vida é tão corrida que, às vezes, não nos damos conta de um dos maiores presentes de Deus Nosso Pai a nós: a sua presença permanente em nossas vidas.

Recebam esse pequeno presente que fiz para vocês. Nesse livro de inspiração vamos exercitar os nossos olhos e o nosso coração, percebendo e "respirando" a Sua presença em nossas vidas: numa imagem cotidiana, no nosso irmão e na força surpreendente da natureza.

Ser Cristão é viver em "estado de alerta", pois Deus se manifesta todo o tempo e também nas pequenas coisas. Da mesma forma que o nosso caminho é feito por todos os nossos pequenos momentos da vida, por nossos atos e omissões.

A partir dos ensinamentos da Palavra de Deus traduzidos em minhas mensagens, proponho a cada um de vocês, meus queridos fiéis e amigos pela vida, um momento de auto análise e de contemplação, diante das belas imagens que Deus, de forma imperceptível, nos oferece. Este livro é um convite para que cada um de vocês faça esse caminho pela vida: o de ver e o de revelar aos outros a Presença de Deus em toda parte. Descubram os seus pensamentos e iluminem, com beleza, a vida de vocês.

Pe. Reginaldo Manzotti

a beleza de
Deus
está em toda parte

Pe. Reginaldo Manzotti

Fotos de Jô Name

© 2013 by Editora Nova Fronteira S.A.

Direitos de edição da obra em língua portuguesa adquiridos pela Agir, selo da Editora Nova Fronteira S.A. Todos os direitos reservados. Nenhuma parte desta obra pode ser apropriada e estocada em sistema de banco de dados ou processo similar, em qualquer forma ou meio, seja eletrônico, de fotocópia, gravação etc., sem a permissão do detentor do copirraite.

Editora Nova Fronteira Participações S.A.
Rua Nova Jerusalém, 345 — CEP 21042-235
Bonsucesso — Rio de Janeiro — RJ
Tel.: (21) 3882-8200 fax: (21) 3882-8212/8313

Texto revisto pelo novo Acordo Ortográfico

Diagramação
André Guimarães de Souza

Imagem da página 32
© Buero Monaco/zefa/Corbis

CIP-Brasil. Catalogação na Fonte
Sindicato Nacional dos Editores de Livros, RJ.

M296b Manzotti, Reginaldo
    A beleza de Deus está em toda parte / Padre Reginaldo Manzotti. — Rio de Janeiro : Agir, 2013.
    Fotografia de Jô Name

    ISBN 978-85-220-1526-9

    1. Vida espiritual. 2. Deus. 3. Reflexões. I. Name, Jô. II. Título.

CDD: 231.9
CDU: 272

Deus não pode nos dar tudo
o que queremos, mas não nos
deixará faltar aquilo de que
necessitamos.

(Programa de rádio Experiência de Deus)

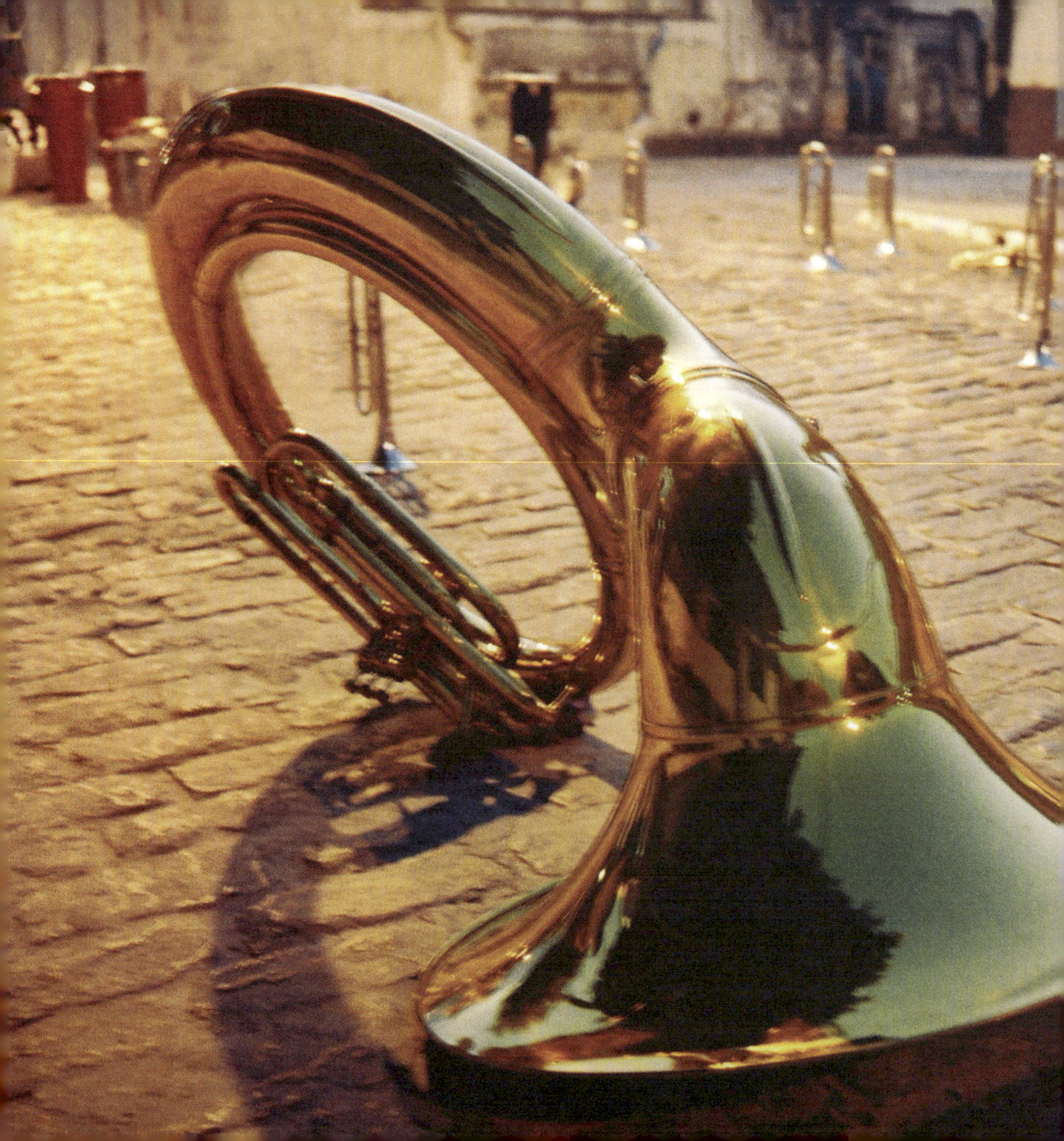

Se eu falasse todas as línguas, as dos homens e as dos anjos, mas não tivesse amor, seria como um bronze que soa ou um címbalo que retine.

(São Paulo)

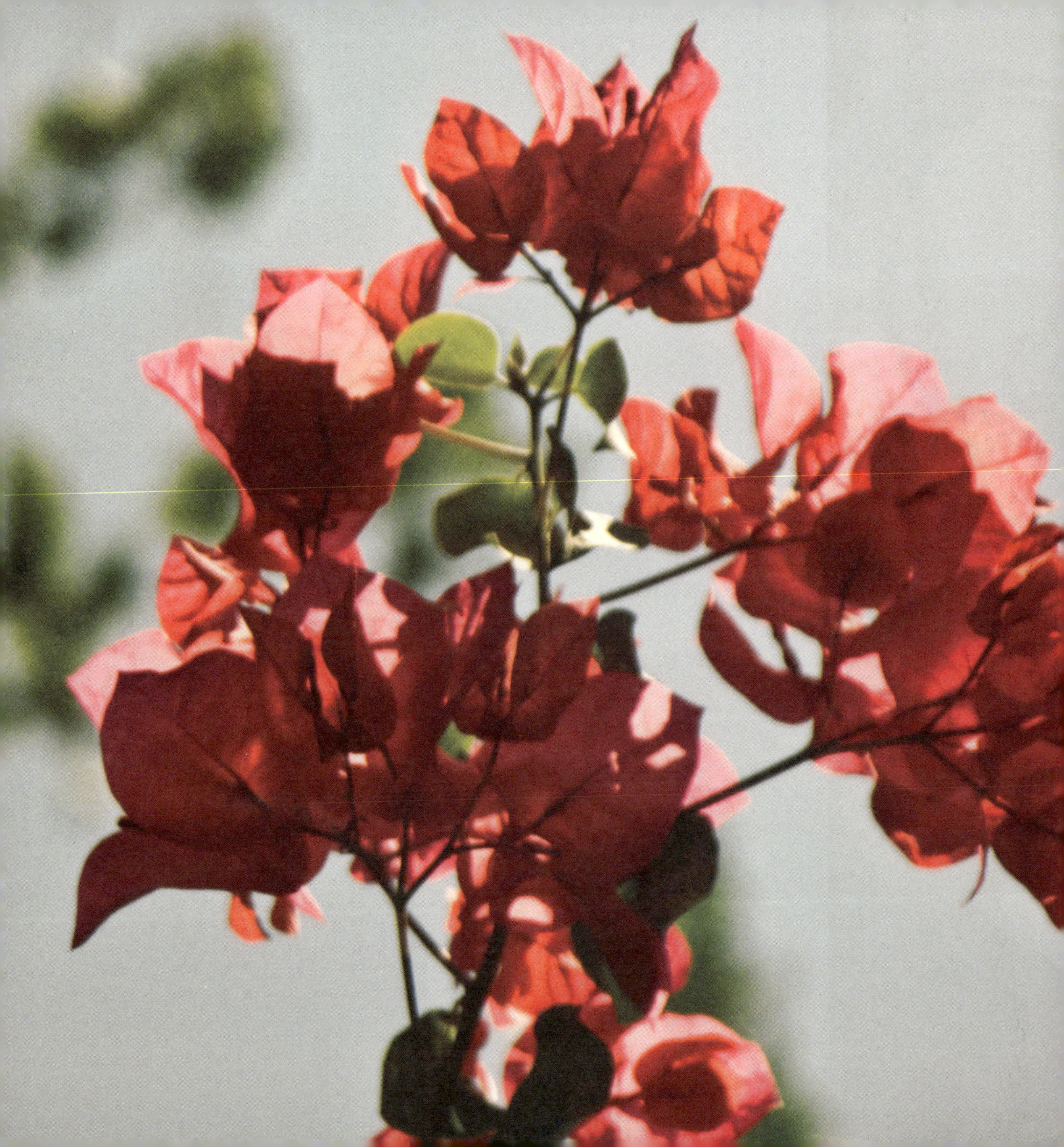

Misericordiosos são aqueles que, por serem perdoados por Deus, perdoam sempre e não cultivam mágoas.

(Livro Feridas da Alma, página 115)

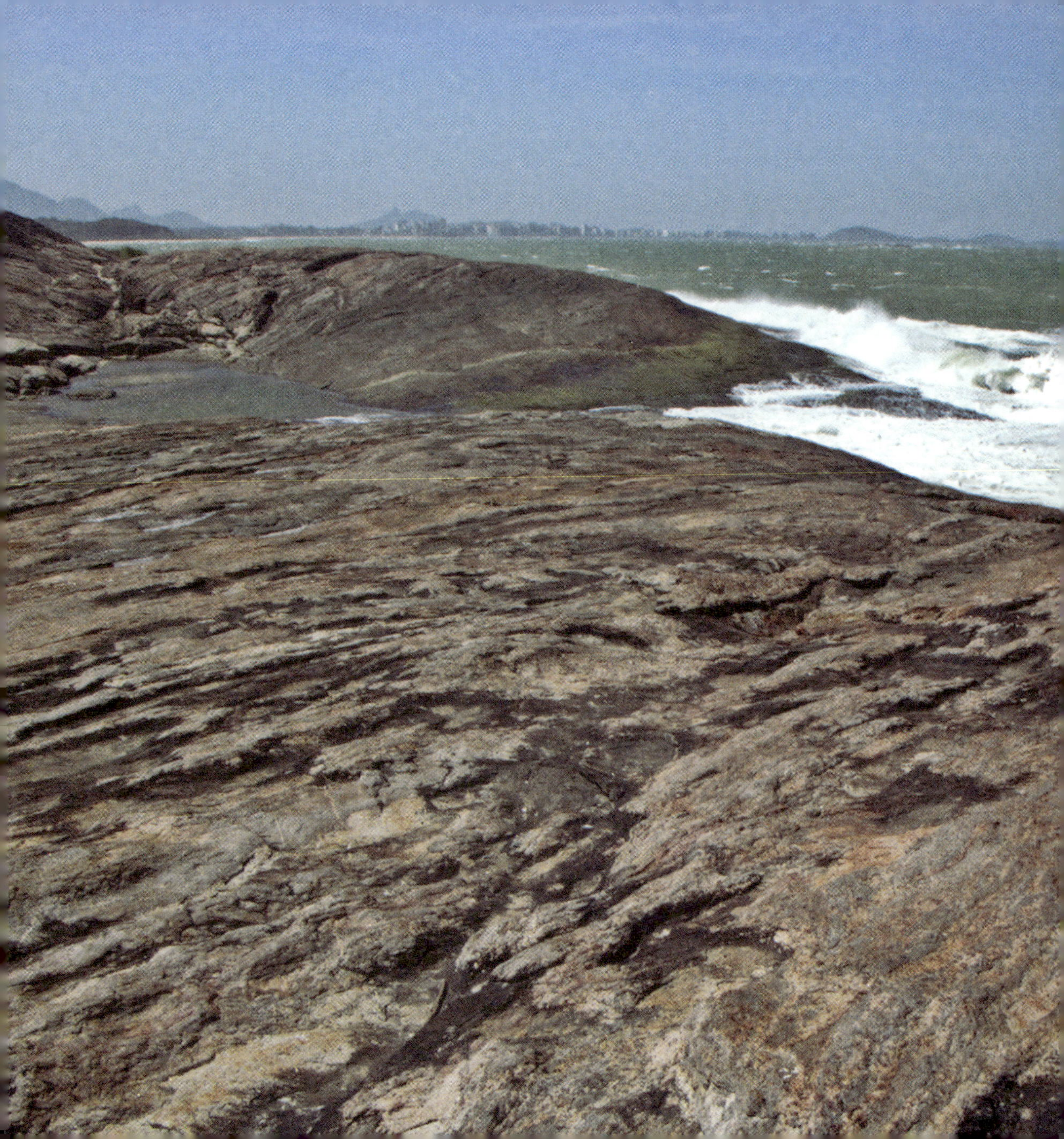

Sonhar também faz parte da vida. Sem sonhos, começamos a morrer ou vivemos para realizar o sonho dos outros.

(Programa de rádio Experiência de Deus)

Há momentos em que devemos nos perguntar: eu estou caminhando na luz de Deus? Ou eu me prendi nos confortos de hoje?

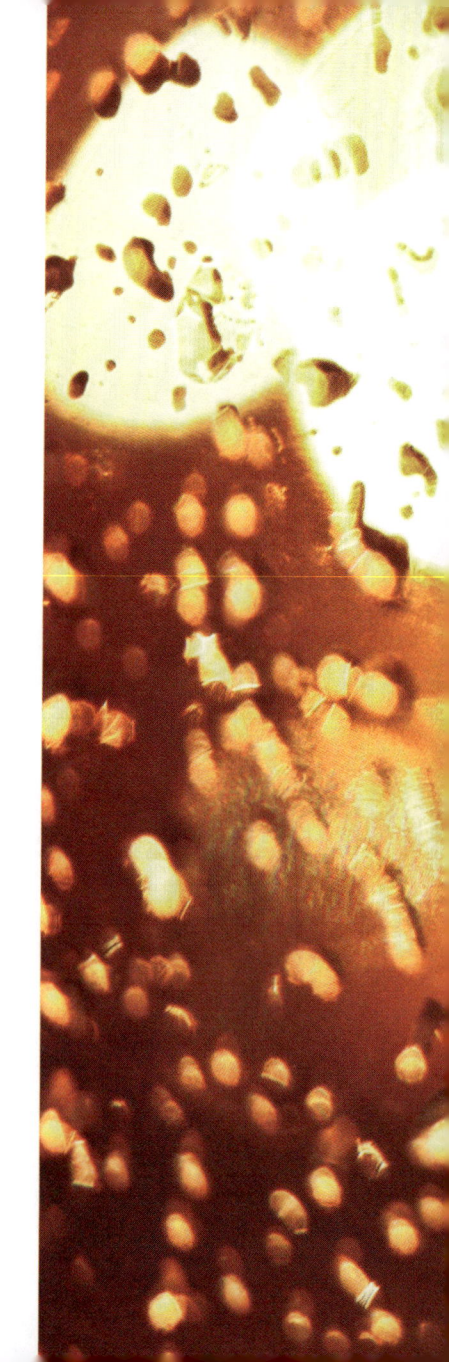

(Programa de rádio Experiência de Deus)

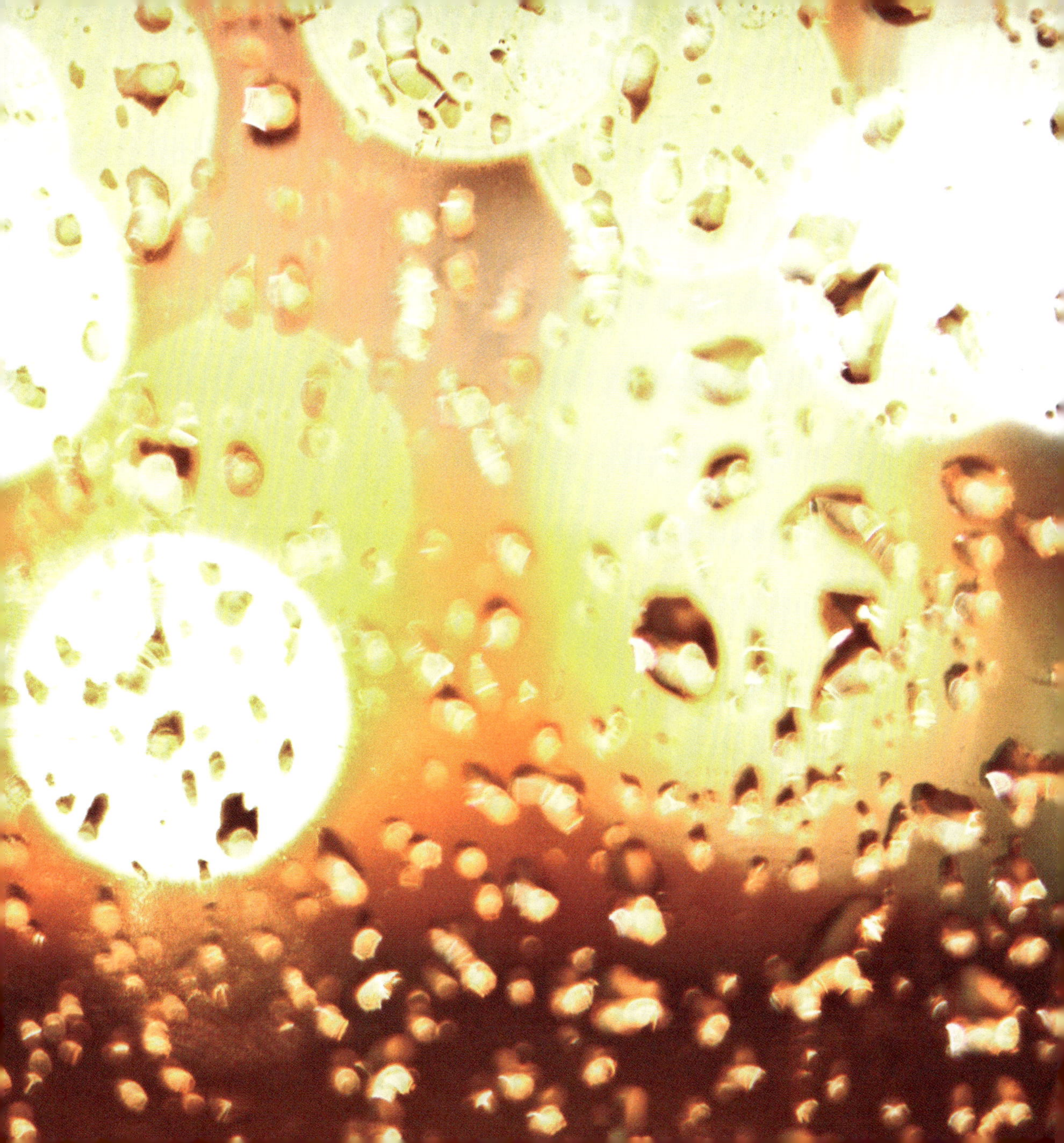

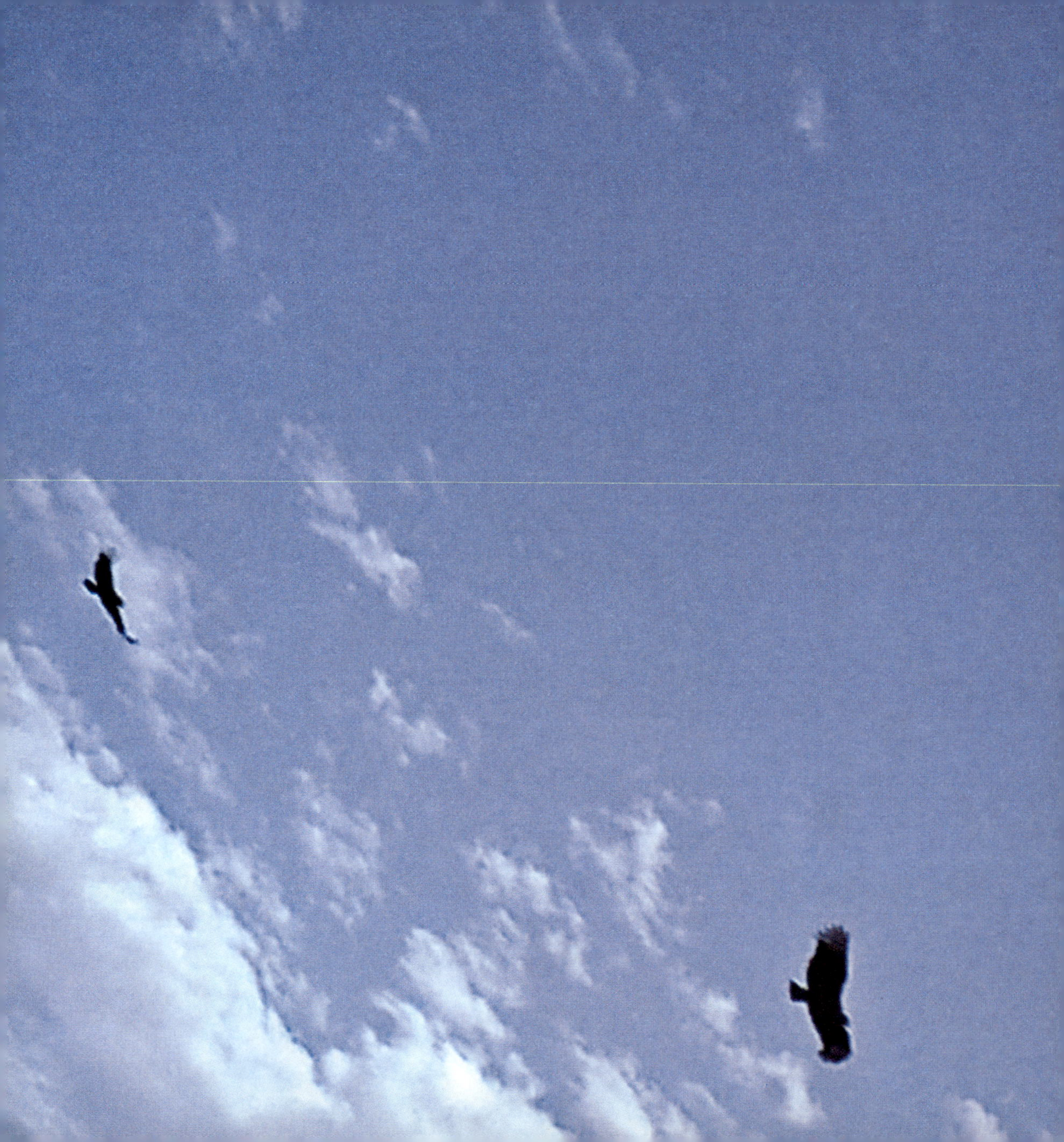

A fé nos ajuda a aliviar a depressão porque nos conecta com algo que traz sentido para as nossas perdas e frustrações.

(Livro Feridas da Alma, página 118)

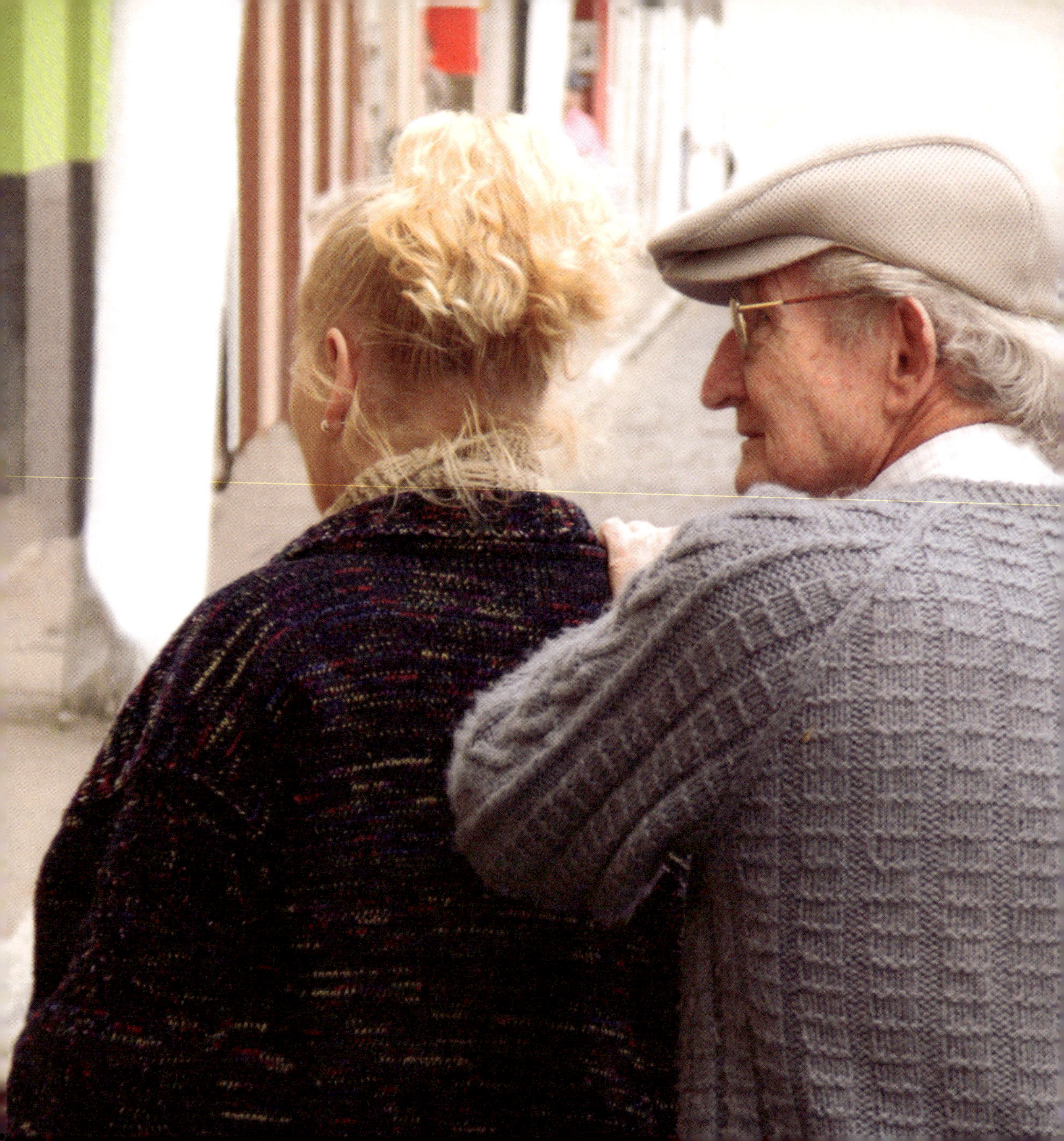

Deus é capaz de colocar um coração novo
onde há uma ferida e um ressentimento.
Acredite nas graças de Deus.

(Programa de rádio Experiência de Deus)

Na jornada da vida, cada trecho vencido com a graça de Deus já é uma vitória.

(Livro 20 Passos para a Paz Interior, página 119)

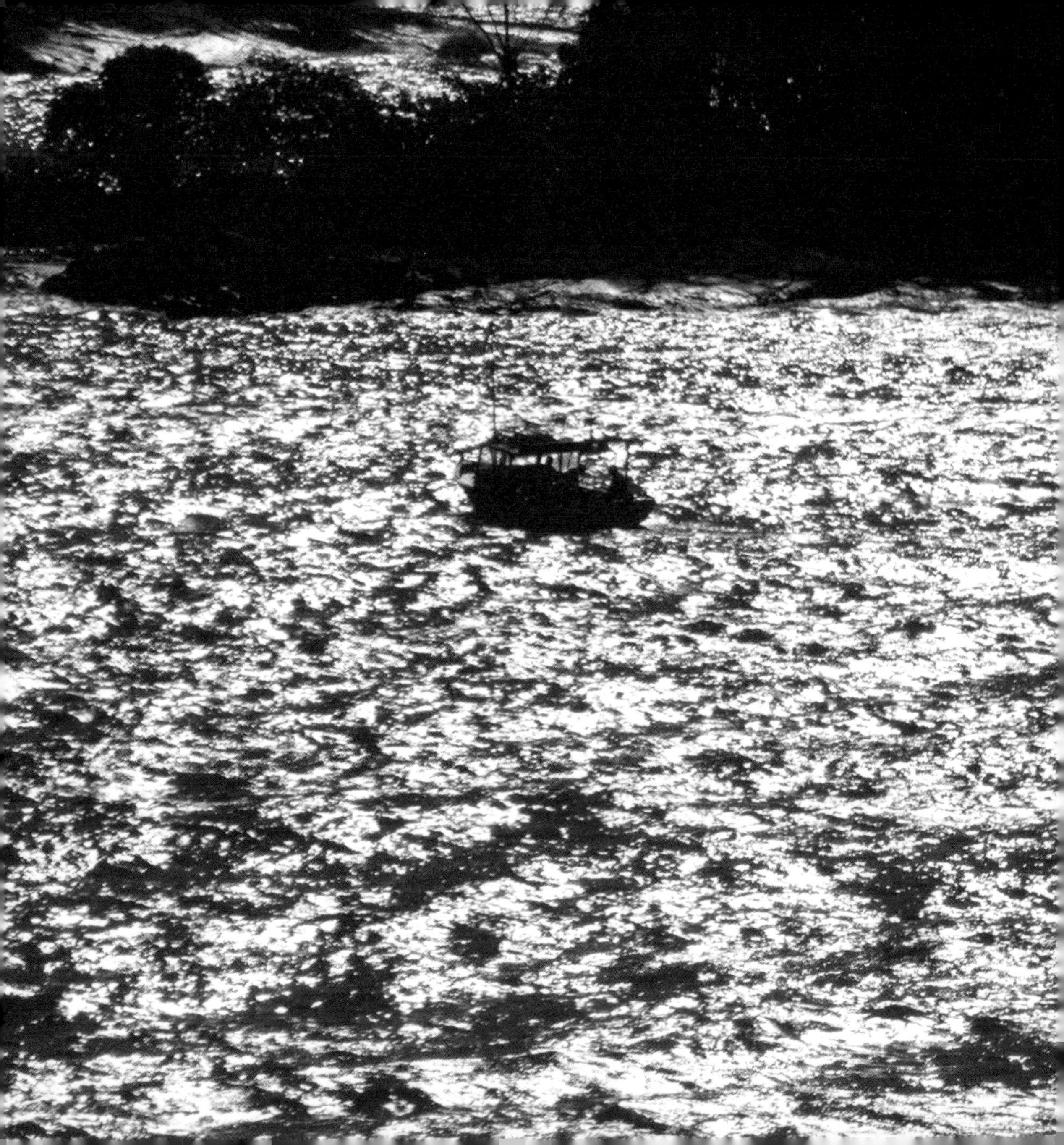

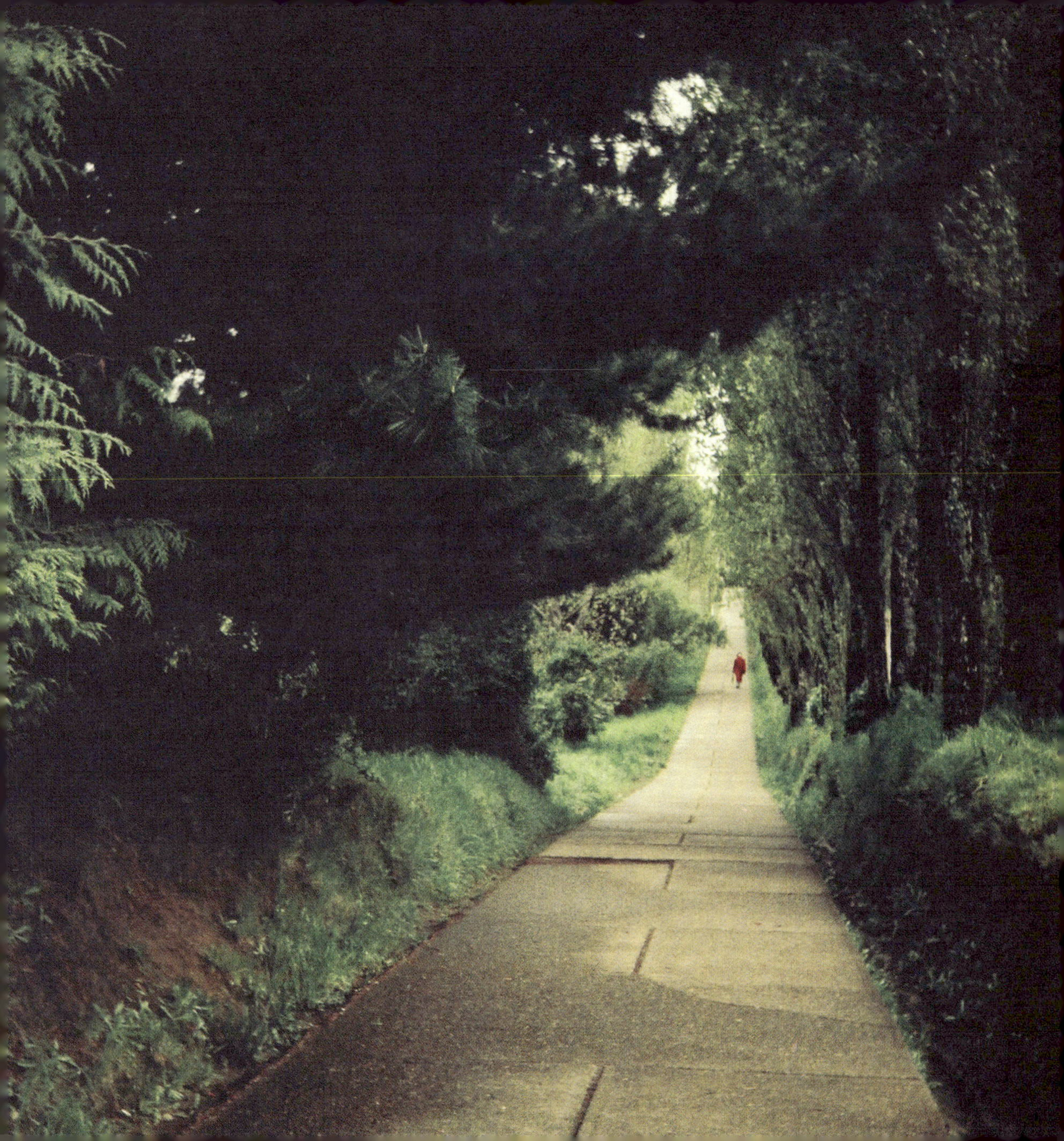

Veja suas marcas deixadas. Se forem de amor, perdão e caridade, o caminho é esse. Caso contrário, vá pelo caminho de Jesus.

(Programa de rádio Experiência de Deus)

A voz de Deus, que nos fala por meio
da consciência, pode até ser ignorada,
mas não pode ser calada.

(Livro 20 Passos para a Paz Interior, página 94)

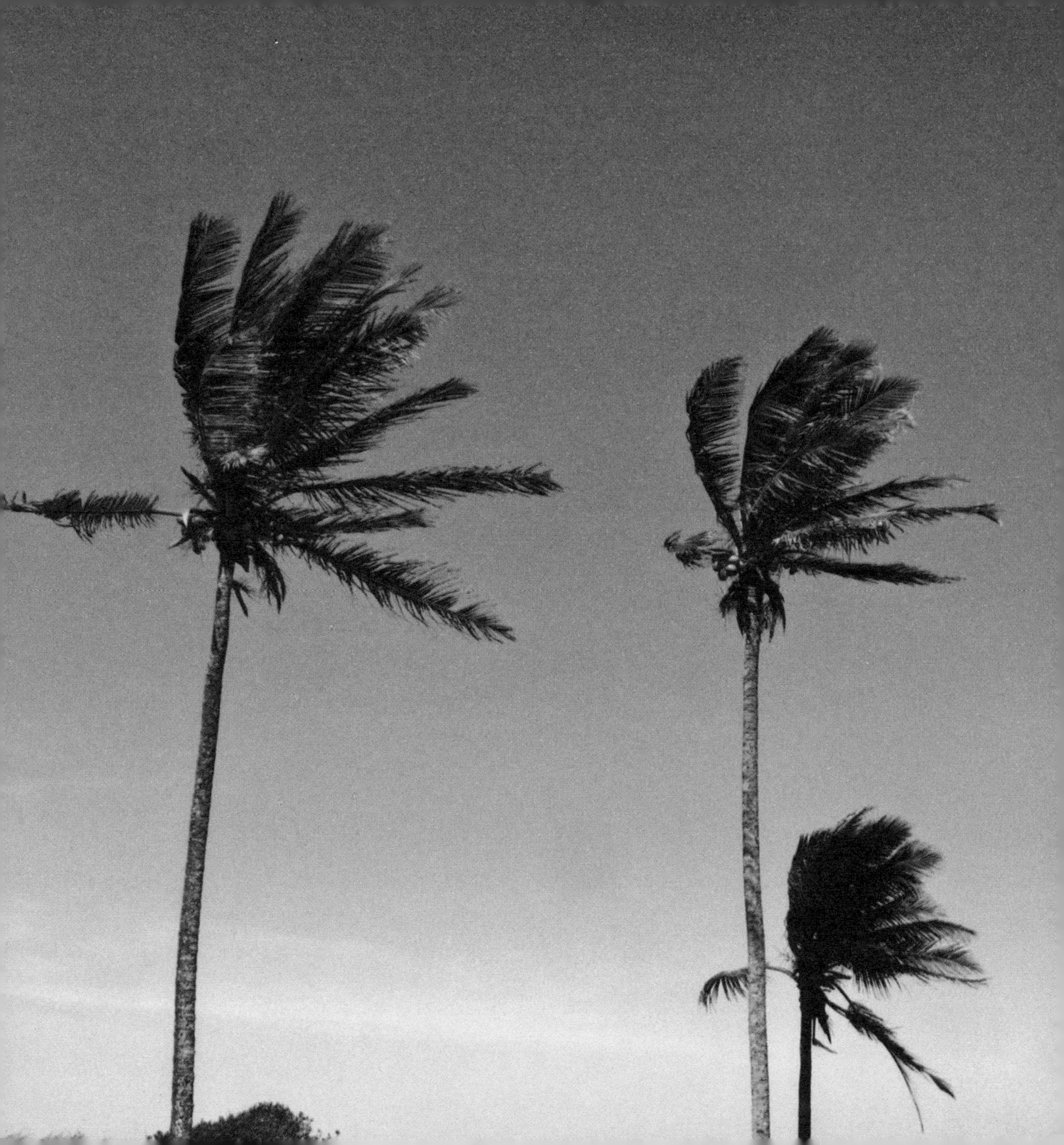

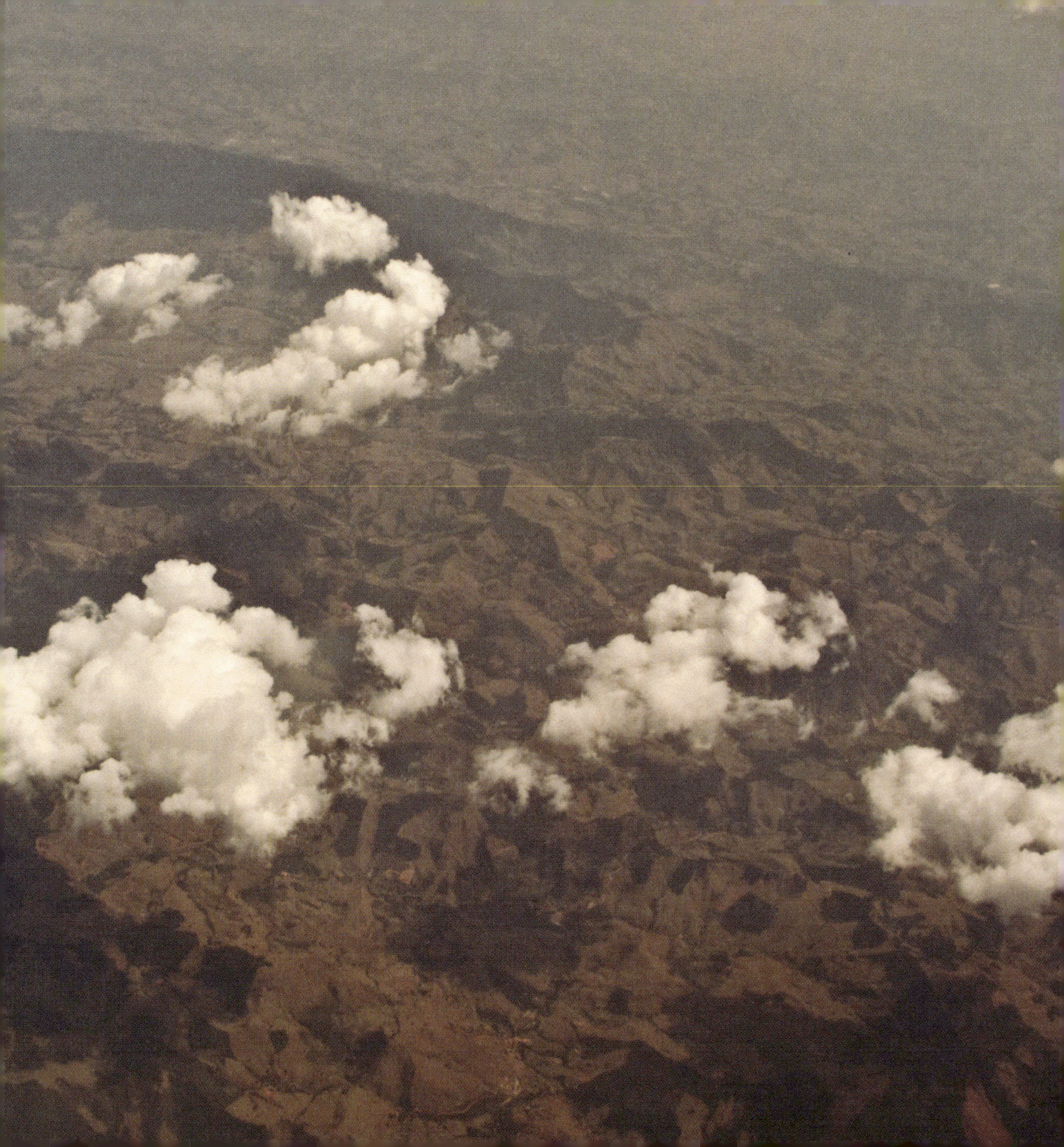

Evangelizar é também instruir
para a verdade, a luz que emana
de Jesus Cristo.

(Livro 20 Passos para a Paz Interior, página 155)

Aconselhar é ajudar a lançar
luz no caminho de quem hoje
anda nas sombras.

(Livro 20 Passos para a Paz Interior, página 155)

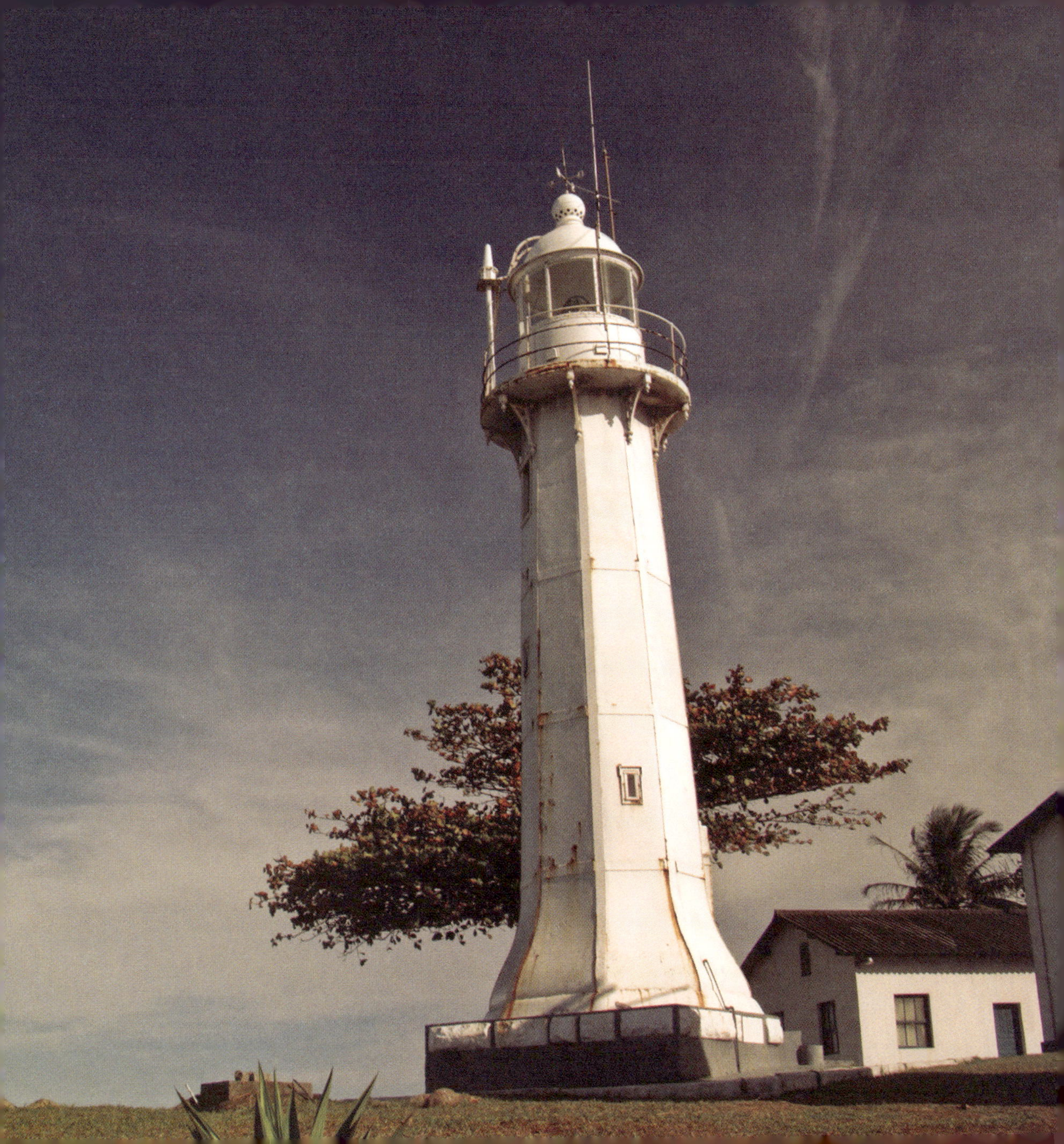

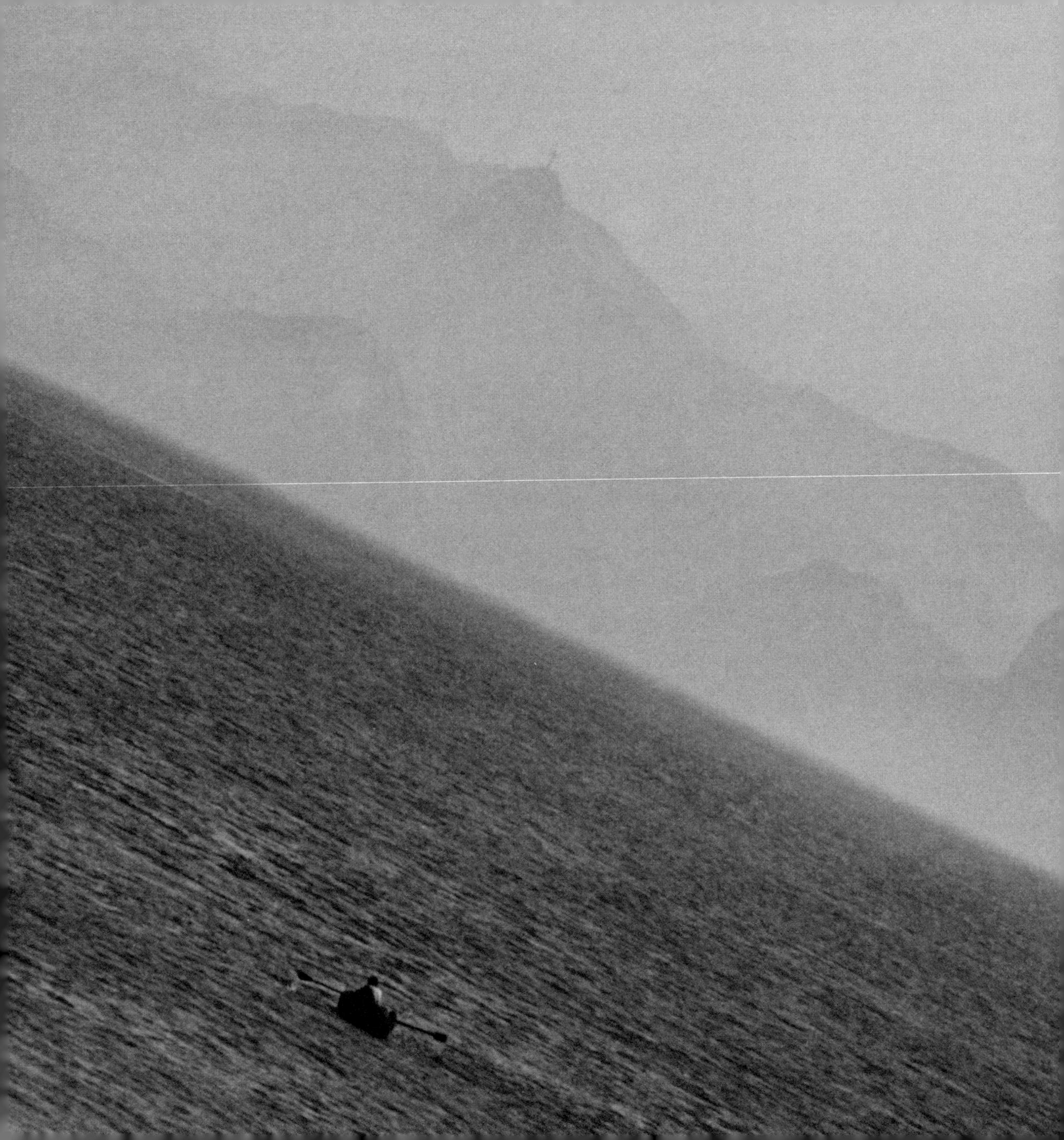

O autoconhecimento é um dos caminhos para recuperar a autoestima, pois somente amamos e confiamos em quem conhecemos.

(Livro 10 Respostas que Vão Mudar sua Vida, página 138)

Temos que aprender a resgatar a essência natural da nossa condição humana, fazendo com que reencontremos a força de nossa existência.

(Livro Feridas da Alma, página 77)

Este livro foi impresso em 2014, pela Edigráfica, para a
Editora AGIR. A fonte usada no miolo é Mrs. Eve 18/20.
O papel do miolo é Offset 90g/m², e o da capa é cartão 250g/m².